I0158955

Tómese Cinco
El Poder de la Oración

David Ramiah

Ramiah Publishing House
Toronto, Canada

Tómese Cinco, El Poder de la oración
Derechos Reservados © 2017 por David Ramiah
Toronto, Canada

Editado por Joy Hallwood
Traducido por Jair Guerrero

Portada y diseño interior:

Ramiah Publishing House
*"Rebosa mi corazón palabra buena; dirijo al rey mi canto;
mi lengua es pluma de escribiente muy diestro."* Salmo 45:1

Publicado en Canada
ISBN 978-0-9959385-1-9

Impreso en Canada
06/17/17 - 0017.001000
07/05/23 - 0023.000100

¡Cinco minutos romperán los grillos y las cadenas de Satanás en su vida y en las vidas de sus seres queridos!

Cinco minutos pueden causar que sus seres queridos sean salvos.

Cinco minutos pueden hacerle la persona más feliz en la vida.

Cinco minutos pueden traer el cielo a la tierra en su vida.

Cinco minutos pueden hacer que los sueños que Dios le ha dado se cumplan.

Cinco minutos pueden darle todo lo que usted siempre ha necesitado.

Para el guerrero de oración:

Este libro de oración aumentará y le dará a usted aún más poder en su vida de oración. Respaldado con escrituras y poderosas confesiones, usted verá su vida siendo transformada rápidamente y los resultados de sus oraciones siendo manifestados en gran manera. ¡Continúe venciendo! Usted tiene la victoria.

"...si se humilla mi pueblo, sobre el cual mi nombre es invocado, y oran, y buscan mi rostro, y se convierten de sus malos caminos; entonces yo oiré desde los cielos, perdonaré sus pecados y sanaré su tierra."
2 Crónicas 7:14

"Clama a mí y yo te responderé, y te enseñaré cosas grandes y ocultas que tú no conoces."
Jeremías 33:3

"Antes que clamen, yo responderé; mientras aún estén hablando, yo habré oído." Isaías 65:24

"Todo lo que pidáis al Padre en mi nombre, lo haré, para que el Padre sea glorificado en el Hijo. Si algo pedís en mi nombre, yo lo hare." Juan 14:13-14

"Hasta ahora nada habéis pedido en mi nombre; pedid, y recibiréis, para que vuestro gozo sea completo." Juan 16:24

Amado Dios Padre,

Yo hago a Jesús mi Señor y mi Salvador. Por favor perdóname por los pecados que he cometido, lávame con la sangre de Jesucristo y hazme limpio. Lléname con tu Espíritu Santo y hazme nacer de nuevo.

Yo declaro que Jesucristo es mi Señor, mi Salvador y mi Dios. La sangre de Jesucristo me cubre y tiene poder sobre mí. En el nombre de Cristo Jesús. Amén.

CAMBIO REAL Y VERDADERO

La oración cambia todo. Si usted quiere ver un cambio real y verdadero en su vida, usdet debe orar a Dios Padre en el nombre de Cristo Jesús. La oración hace la diferencia.

Quizas usted es como la mayoría de las personas, hoy día, quienes están tan ocupadas con la vida y no toman tiempo para orar. Usted encuentra difícil el tomar un tiempo específico para hablar con Dios en una manera que valga la pena.

Tómese 5 le va a ayudar. Esto fué hecho para usted.

El orar por periodos cortos de tiempo a lo largo del día le va a ayudar a desarrollar y aumentar su vida de oración. Usted va a experimentar cambios tangibles en poco tiempo. Eventualmente usted se va a dar cuenta de que esta orando más y más, en fé y con mejores resultados.

Hay oraciones sugeridas para el tiempo del desayuno, el almuerzo, la cena y para antes de irse a dormir. También va a encontrar cuatro confesiones que usted necesita decir. No las lea solamente; hay poder en sus palabras. Proverbios 18:21

Recuerde que usted no tiene que tener sus ojos cerrados todo el tiempo mientras ora. ¿Cierra usted sus ojos cuando usted habla con su mejor amigo? ¿Cierra usted sus ojos cuando habla con su padre?

Dios es ambos, su mejor amigo y su Padre. Por lo tanto no tenga miedo cuando usted esté dialogando con El. Orar es simplemente comunicarse con el Señor; comunicar su adoración, su amor, su agradecimiento, sus necesidades y sus deseos. Luego entonces, tómese 5 y entre en un diálogo con su Padre.

"Yo tomo esta decisión hoy,
Yo no viviré en temor!
Yo escojo el creerle a Dios y confiar en El.
Lo que sea que Dios escoja que suceda, que así sea."

"Sabemos, además, que a los que aman a Dios, todas las cosas los ayudan a bien, esto es, a los que conforme a *Su* propósito son llamados." Romanos 8:28

"No temas, porque Yo estoy contigo; no desmayes, porque Yo soy tu Dios que te esfuerzo; siempre te ayudaré, siempre te sustentaré con la diestra de Mi justicia." Isaías 41:10

"Jehová está conmigo; no temeré lo que me pueda hacer el hombre." Salmo 118:6

"...porque no nos ha dado Dios espíritu de cobardía, sino de poder, de amor y de dominio propio." 2 Timoteo 1:7

"Así que no temáis; más valéis vosotros que muchos pajarillos." Mateo 10:31

"«...Ninguna arma forjada contra ti, prosperará y tú condenarás toda lengua que se levante contra ti en el juicio. Ésta es la herencia de los siervos de Jehová: su salvación de mí vendrá», dice Jehová." Isaías 54:17

"Cuando cambie su forma de pensar usted cambiará su vida."

ORACION DEL DESAYUNO:

Amado Dios Padre,

Ungeme hoy para las tareas que Tú tienes para que yo haga, de acuerdo con Hechos 10:38, "...cómo Dios ungió con el Espíritu Santo y con poder a Jesús de Nazaret, y cómo éste anduvo haciendo bienes y sanando a todos los oprimidos por el diablo, porque Dios estaba con él." y

2 Corintios 1:21 "Y el que nos confirma con vosotros en Cristo, y el que nos ungió, es Dios."

Causa que yo sea quien Tú quieres que yo sea de acuerdo con Efesios 2:10 "...pues somos hechura suya, creados en Cristo Jesús para buenas obras, las cuales Dios preparó de antemano para que anduviéramos en ellas.", Job 10:8, "Tus manos me hicieron y me formaron..." y el Salmo 33:15, "Él formó el corazón de todos ellos; atento está a todas sus obras."

Obra en mi para cumplir Tú voluntad y tus deseos, de acuerdo con Filipenses 2:13 "...porque Dios es el que en vosotros produce así el querer como el hacer, por su buena voluntad."; el Salmo 18:32 "Dios es el que me reviste de poder y quien hace perfecto mi camino;" y Romanos 8:28 "Sabemos, además, que a los que aman a Dios, todas las cosas los ayudan a bien, esto es, a los que conforme a su propósito son llamados."

Dame el amor, la gracia, el poder y la fuerza que necesito para este día, de acuerdo con el Salmo 27:1 "Jehová es mi luz y misalvación, ¿de quién temeré? Jehová es la fortaleza de mi vida, ¿de quién he de atemorizarme?" y Filipenses 4:13, "Todo lo puedo en Cristo que me fortalece."

Cúbreme y todo lo que es mio con la sangre de Cristo, incluyendo a mi familia. Hazme un testimono para otros de acuerdo con Apocalipsis 12:11 "Ellos lo han vencido por medio de la sangre del Cordero y de la palabra del testimonio de ellos, que menospreciaron sus vidas hasta la muerte." y Hechos 1:8 "...pero recibiréis poder cuando haya venido sobre vosotros el Espíritu Santo, y me seréis testigos en Jerusalén, en toda Judea, en Samaria y hasta lo último de la tierra."

"Padre nuestro que estás en los cielos,
santificado sea tu nombre.
Venga tu Reino.
Hágase tu voluntad, como en el cielo,
así también en la tierra.
El pan nuestro de cada día, dánoslo hoy.
Perdónanos nuestras deudas,
como también nosotros perdonamos a nuestros deudores.
No nos metas en tentación,
sino líbranos del mal,
porque tuyo es el Reino, el poder y la gloria,
por todos los siglos. Amén".

"La Palabra de Dios es un espejo. Si usted mira dentro de el lo suficiente, usted se verá a si mismo."

ORE DE ESTA FORMA:

Mi Señor y mi Dios, úngeme para lo que vas a hacer a través de mí el día de hoy; unge mis ojos, mis oidos, mi boca, mi cerebro, mi corazón, mi mente, mis manos y mis pies. Unge mi vista y mi oir, mis pensamientos y mi habla, mi que hacer, mi entrar y mi salir. Llena mi alma de fé, amor y poder, de coraje, valor, del temor de Dios, determinación y perseverancia. Permite que las cosas que desee sean tuyas y deja que lo que sea que yo quiera sea lo que Tú quieres. Permite que la mente de Cristo sea mi mente y deja que el Señor Jesucristo gobierne mi vida.

Yo soy tu obra ¡Oh Dios! Haz de mí lo que quieres que sea. Moldeame y fórmame. Lléname más de tu Espíritu y de tu poder, de tu conocimiento y sabiduría, tu carácter y tus deseos. Quiero pensar, hablar y actuar más como Jesús cada día.

Señor, Tú habitas en mí. Obra y cumple tu voluntad, tu plan y tu propósito para mi vida. Yo me rindo a Tí. Ama a travéz de mí, perdona a travéz de mí; piensa, habla y actúa a travéz de mí. Dame la fuerza que necesito. Haz que tu poder fluya a travéz de mí, haciendo de mí la sal y la luz de la tierra.

Coloca dentro de mí un espíritu de "levántate y vé" que cause que yo haga las cosas y que progrese rapidamente en la vida. Haz que yo tenga gran éxito y que prospere. Guíame con tus ojos sobre mí, diríjeme e instruye me. ¡Yo te seguiré! Permíteme escuchar tu voz y conocer tu Guía. Tómame de la mano y guíame por camino de justicia, favor y bendición. Dame favor divino, favor amoroso, favor amable, favor que perdure, favor que sea real, favor que esté siempre alrededor de mí. Haz mi camino claro delante de mí ¡Oh Señor! Hazlo fácil y sin dificultades. Yo te pido todo esto en el nombre de Cristo Jesús. Amén.

CAMBIANDO MI VIDA, UNA PALABRA A LA VEZ.

"La muerte y la vida están en poder de la lengua; el que la ama, comerá de sus frutos." Proverbios 18:21

"Ellos lo han vencido por medio de la sangre del Cordero y de la palabra del testimonio de ellos, que menospreciaron sus vidas hasta la muerte." Apocalipsis 12:11

"De cierto os digo que cualquiera que diga a este monte: "Quítate y arrójate en el mar", y no duda en su corazón, sino que cree que será hecho lo que dice, lo que diga le será hecho" Marcos 11:23

Yo soy un(a) hijo(a) del Dios Altísimo. Dios es mi Padre. El me ama. Su amor nunca falla. Su amor va más alla de cualquier entendimiento. El me favorece. Su gracia abunda en mí. El me cubre con sus alas.

Yo soy heredero(a) de Dios y coheredero(a) con Cristo, por lo tanto todo lo que le pertenece a Dios me pertenece a mí. Dios ha encargado a sus ángeles sobre mí. El ha enviado ángeles para que ministren mis necesidades.

Por lo tanto todas mis necesidades son suplidas. Los ángeles me guardan y la sangre de Jesucristo me cubre.

Dios está de mi lado. El piensa en mí. El solo tiene cosas buenas para mi vida. El desea que yo prospere y que tenga salud. El me enseña a prosperar y a crecer. Por lo tanto yo crezco, prospero y tengo salud.

Yo vivo bajo la sombra del Omnipotente. Yo vivo en su presencia. Por lo tanto yo estoy a salvo y seguro porque El me guarda.

Ninguna arma forjada en contra mia prosperará y todo plan del enemigo para mi vida es destruido. El Señor me da la victoria y me guia en triunfo

Dios me ha dado una vida abundante. El ha abierto las ventanas de los cielos y ha derramado bendición sobre mí. El reprende al ladrón en mi nombre y lo detiene de robarme. Dios derrota a mis enemigos.

Yo soy sano por las llagas de Jesucristo. La sangre de Jesucristo fué vertida por mí en contra de toda enfermedad y dolencia que ha traspasado mi cuerpo. Por lo tanto yo le ordeno a toda enfermedad y dolencia que ha traspasado mi cuerpo que salga ahora en el nombre de Cristo Jesús.

Dios hace que todas las cosas sean buenas para mí, por lo tanto yo declaro que todo está bien en mi cuerpo, mi vida, mi hogar, mi familia, mi iglesia; todo está bien en lo que respecta a mi vida.

En lo que respecta a mí y a mi casa nosotros serviremos al Señor, por lo tanto yo le ordeno a todo demonio que quite sus manos de los miembros de mi familia, ahora, en el nombre de Jesús. Yo declaro que todos los miebros de mi familia son libres de venir al Señor en el nombre de Jesús. Señor Jesús, cúbrelos con Tu Santo Espíritu y envía Tus ángeles para que los tomen de la mano y tráe cada uno de ellos a tu reino. ¡Sálvalos Señor!

Las riquezas de los impios están reservadas para el justo. Ya que soy justo de Dios en Cristo, permite que las riquezas del impio esten reservadas para mi y vengan ahora a mis manos. Gracias Señor por más finanza, te lo pido en el nombre de Jesús. Amén.

"La herencia del bueno alcanzará a los hijos de sus hijos, pero la riqueza del pecador está guardada para el justo." Proverbios 13:22

Yo diré como Miqueas, "Tú, enemigo(a) mío(a), no te alegres de mí, porque si cayere, me levantaré y si morare en tinieblas, Jehová será mi luz"

"Tú, enemigo(a) mío(a), no te alegres de mí, porque aunque caí, me levantaré; aunque more en tinieblas, Jehová será mi luz" Miqueas 7:8

ORACION PARA LA HORA DE ALMUERZO:

Gracias Señor por bendecirme, por liberarme, por darme favor y rodearme como escudo, de acuerdo con el Salmo 3:8 "La salvación es de Jehová. ¡Sobre tu pueblo sea tu bendición!"; el Salmo 21:3 "...porque le has salido al encuentro con bendiciones de bien; corona de oro fino has puesto sobre su cabeza." Y el Salmo 5:12 "Tú, Jehová, bendecirás al justo; como con un escudo lo rodearás de tu favor."

Manifiesta tu bendición en mi vida hoy; tu provisión, protección y respuesta a mis oraciones de acuerdo con Isaías 65:24 "Antes que clamen, yo responderé; mientras aún estén hablando, yo habré oído."; Jeremías 33:3 "Clama a mí y yo te responderé, y te enseñaré cosas grandes y ocultas que tú no conoces." e Isaías 54:13-14 "Todos tus hijos serán enseñados por Jehová, y se multiplicará la paz de tus hijos. Con justicia serás adornada; estarás lejos de la opresión, porque no temerás, y lejos del temor, porque no se acercará a ti."

Bendíceme y hazme una bendición de acuerdo con Génesis 12:2-3 "Haré de ti una nación grande, te bendeciré, engrandeceré tu nombre y serás bendición. Bendeciré a los que te bendigan, y a los que te maldigan maldeciré; y serán benditas en ti todas las familias de la tierra."

Ayúdame a ganar almas para Ti de acuerdo con Proverbios 11:30 "El fruto del justo es árbol de vida; el que gana almas es sabio." y Marcos 16:15, "Y les dijo: —Id por todo el mundo y predicad el evangelio a toda criatura."

EL PODER DE MIS PALABRAS

"Así también la lengua es un miembro pequeño, pero se jacta de grandes cosas. He aquí, ¡cuán grande bosque enciende un pequeño fuego! [6] Y la lengua es un fuego, un mundo de maldad. La lengua está puesta entre nuestros miembros, y contamina todo el cuerpo e inflama la rueda de la creación…"Santiago 3:5, 6

Mi lengua está en fuego por el Espíritu Santo. Está puesta entre mis miembros y llena my alma y cuerpo entero con justicia, un vivir santo y con el amor de Dios. Ella dirige el curso de mi vida con el fuego del Espíritu Santo, el poder de Dios que obra milagros, las virtudes sanadoras de Jesucristo y la presencia permanente de Dios Padre.

Mi lengua esta llena de la Palabra de Dios que es más cortante que toda espada de dos filos. Y esa palabra ungida por Dios en mi lengua va adelante para producir y darme vida abundante en esta tierra, que donde quiera que yo vaya prospere y tenga gran exito. El enemigo no puede burlarse de mí. El Señor mi Dios causa que siempre tenga victoria y que triunfe. El hace que mis pies estén estables y fuertes y que camine permanentemente por el camino estrecho y recto. El me arma con Fortaleza y hace mis caminos perfectos.

Siempre declararé que soy la justicia de Dios en Cristo Jesús. Yo estoy sentado a Su diestra en Cristo Jesús, quién intercede continuamente por mí. Yo nunca pierdo. Yo gano siempre. Yo soy un rey, un sacerdote y un embajador de Cristo.

Jesucristo mi Señor venció al mundo y yo también. Y si El está por mí, quién en contra mía. El pelea mis batallas. La sangre de Cristo me cubre y tiene poder sobre mí.

ORACION PARA LA HORA DE LA CENA:

Gracias Señor por cumplir tu voluntad, tu plan y tu propósito en mi vida hoy, de acuerdo con Filipenses 2:13 "...porque Dios es el que en vosotros produce así el querer como el hacer, por su buena voluntad."

Gracias por protejerme, de acuerdo con el Salmo 91 "El que habita al abrigo del Altísimo morará bajo la sombra del Omnipotente. Diré yo a Jehová: «Esperanza mía y castillo mío; mi Dios, en quien confiaré.»"; el Salmo 18:3 "Invocaré a Jehová, quien es digno de ser alabado, y seré salvo de mis enemigos." y el Salmo 139:5-6 "Detrás y delante me rodeaste, y sobre mí pusiste tu mano. Tal conocimiento es demasiado maravilloso para mí; ¡alto es, no lo puedo comprender!"

Gracias por la salvación de mis seres queridos, de acuerdo con Josué 24:15 "...pero yo y mi casa serviremos a Jehová."; Hechos 16:33-34 "Él, tomándolos en aquella misma hora de la noche, les lavó las heridas, y en seguida se bautizó con todos los suyos. Luego los llevó a su casa, les puso la mesa y se regocijó con toda su casa de haber creído a Dios." e Isaías 54:13 "Todos tus hijos serán enseñados por Jehová, y se multiplicará la paz de tus hijos. Con justicia serás adornada; estarás lejos de la opresión, porque no temerás, y lejos del temor, porque no se acercará a ti."

Gracias por mi familia, de acuerdo con el Salmo 127:3-5 "Herencia de Jehová son los hijos; cosa de estima el fruto del vientre. Como saetas en manos del valiente, así son los hijos tenidos en la juventud. ¡Bienaventurado el hombre que llenó su aljaba de ellos! No será avergonzado cuando hable en la puerta con los enemigos" e Isaías 49:24-25 "¿Será quitado el botín al valiente? ¿Será rescatado el que es cautivo de un tirano?» Pero así dice Jehová: «Quizás el cautivo sea rescatado del valiente y el botín sea arrebatado al tirano, pero yo defenderé tu pleito y salvaré a tus hijos."

Gracias por mis pastores y líderes y por cada miembro de la iglesia, de acuerdo con Hebreos 13:7-8, "Acordaos de vuestros pastores, que os hablaron la palabra de Dios; considerad cuál haya sido el resultado de su conducta e imitad su fé. [8]Jesucristo es el mismo ayer, hoy y por los siglos." y Romanos 12:4-5 "De la manera que en un cuerpo tenemos muchos miembros, pero no todos los miembros tienen la misma función, así nosotros, siendo muchos, somos un cuerpo en Cristo, y todos miembros los unos de los otros."

Salmo 18:3 "Invocaré a Jehová, quien es digno de ser alabado, y seré salvo de mis enemigos."

Salmo 119:18 "Abre mis ojos y miraré las maravillas de tu Ley."

MI CONFESION DE FE

Dios Padre, yo te agradezco porque soy una semilla de Abraham y heredero de sus bendiciones, de acuerdo con Gálatas 3:13-18 y versículo 29. Yo creo que el pacto que hiciste con Abraham, que es un pacto de añadidura, obra en mi vida ahora mismo.

Padre te agradesco por el nuevo pacto que hiciste conmigo en la sangre de Jesus. Trabaja en mi vida hoy, hace todas las cosas bien para mi, y hace que todas las cosas salgan para bien, me provee con toda cosa buena en abundancia, me da una gran salud y bienestar, gozo eterno, paz que sobrepasa todo entendimiento, tranquilidad, risa, pone una sonrisa en mi rostro que no puede ser quitada, satifase mi alma con buenas cosas, renueva mi juventud como las aguilas, me esconde debajo de las alas del Dios todopoderoso, me hace florecer en toda buena obra, me hace sobresalir para hacer abundantemente fructifero, me hace rico y prospero, haciendo la vida eterna evidente en muchas maneras, siempre exaltando a Jesus, manifestando la bendicion de Dios en mi vida, haciendo milagros, sanidades, y las grandes obras de Dios en mi vida.

Gracias Señor, por darme espíritu de sabiduría y revelación en el conocimiento de Cristo Jesús, mi Señor, que ilumina los ojos de mi entendimiento, que causa que sepa cual es la esperanza de mi llamado, las riquezas y la Gloria de su herencia en mí y la excelente grandeza de su poder hacia mí, el cual es el mismo poder que levantó a Jesús de entre los muertos y lo sentó a su diestra en lugares celestiales (Efesios 1:17-21).

Por la unción que me da poder para hacer riquezas de acuerdo con Deuteronomio 8:18 y que está sobre mí y obra en mi vida;

Por la unción que me enriquece y no añade tristeza con ella, de acuerdo con Proverbios 10:22 y que está sobre mí y obra en mi vida;

Por la unción de perfecta salud y plenitud, de acuerdo con Isaías 53:4, 5 y 3 Juan 2 y que está sobre mí y obra en mi vida;

Por la unción de más que suficiente de todo lo que es bueno, y de abundancia de acuerdo con Efesios 3:20 y Juan 10:10 y que está sobre mí y obra en mi vida;

Por la unción de la salvación de mi casa de acuerdo con Josué 24:15, Hechos 16:34 y Hechos 18:8 y que está sobre mí y obra en mi vida;

ORACION DE IRSE A DORMIR:

Amado Dios Padre, haz obrado a travéz de mi por Tu Espíritu Santo. Tu haz cumplido Tu voluntad para mí vida. Me haz bendecido y haz hecho de mí una bendición y Tu me haz protejido, me haz guardado y haz provisto para mí. Yo te agradezco de acuerdo con Efesios 5:20, "...dando siempre gracias por todo al Dios y Padre, en el nombre de nuestro Señor Jesucristo." y 1 Tesalonicenses 5:18 "Dad gracias en todo, porque ésta es la voluntad de Dios para con vosotros en Cristo Jesús."

Gracias Señor, poque haz hecho todas las cosas buenas en mi vida el día de hoy y haces que todas las cosas sean buenas para mí de acuerdo con Romanos 8:28 "Sabemos, además, que a los que aman a Dios, todas las cosas los ayudan a bien, esto es, a los que conforme a su propósito son llamados."; 2 Samuel 22:33 "Dios es el que me ciñe de fuerza, quien despeja mi camino..."; el Salmo 5:8 "Guíame, Jehová, en tu justicia, a causa de mis enemigos; endereza delante de mí tu camino.," y el Salmo 18:32 "Dios es el que me reviste de poder y quien hace perfecto mi camino..."

DIOS ESPERA QUE YO CREZCA.

"La bendición de Jehová es la que enriquece, y no añade tristeza con ella." Proverbios 10:22

"Así ha dicho Jehová, Redentor tuyo, el Santo de Israel: «Yo soy Jehová, Dios tuyo, que te enseña para tu provecho, que te encamina por el camino que debes seguir." Isaías 48:17

"Y el que da semilla al que siembra y pan al que come, proveerá y multiplicará vuestra sementera y aumentará los frutos de vuestra justicia..." 2 Corintios 9:10

"Yo planté, Apolos regó; pero el crecimiento lo ha dado Dios. Así que ni el que planta es algo ni el que riega, sino Dios que da el crecimiento." 1 Corintios 3:6-7

"Jehová dará también el bien y nuestra tierra dará su fruto." Salmo 85:12

"Aumentará Jehová bendición sobre vosotros; sobre vosotros y sobre vuestros hijos." Salmo 115:14

"Yo tengo un pacto con Dios Todopoderoso. Es un pacto de incremento. Y Dios no tiene problema en que tanto yo incremento mientras que yo le de el crédito a El." Jerry Savelle

Bendice al Señor, ¡Oh! alma mía.

Bendice, alma mía, a Jehová,
y bendiga todo mi ser su santo nombre.
Bendice, alma mía, a Jehová,
y no olvides ninguno de sus beneficios.
Él es quien perdona todas tus maldades,
el que sana todas tus dolencias,
el que rescata del hoyo tu vida,
el que te corona de favores y misericordias,
el que sacia de bien tu boca
de modo que te rejuvenezcas como el águila. Salmo 103:1-5

David le ordenó a su alma y todo lo que estaba dentro de él, el
bendecir al Señor. ¿Qué beneficios cree usted que recibiría si hiciera
lo mismo? ¿Qué tal si usted le ordenara a su alma el bendecir al
Señor con todo lo que está dentro de usted, pero individualmente?
Hágalo de esta forma:

Bendice al Señor alma mía. Bendice al Señor Jesucristo cuerpo mío;
bendice al Señor Jesucristo cerebro mío, mis ojos, mis oídos, mi boca,
mi mente, mis manos y mis pies. Bendice al Señor Jesucristo, ¡Oh! mi
sangre y mi ser. Bendice al Señor Jesucristo, ¡Oh! mis huesos y mis
tuétanos, mi carne, ligamentos y toda célula de mi cuerpo. Bendice al
Señor Jesucristo ¡Oh! corazón mío, mis pulmones, mis riñones, mi
vejiga, mi higado, mi lengua, mis entrañas, mi vaso, mi páncreas, mi
apéndice... etcétera.

Bien, trate y dese cuenta de que pasará. Usted no tiene nada que
perder, por el contrario todo que ganar.

El Reverendo David Ramiah, nació en Guyana, S.A. y se mudó a Canada el día 2 de Noviembre de 1982.

El reside en Toronto en la actualidad y es el presidente y fundador de los Ministerios de Cristo exaltado y Ministerio Internacional de Hombres Poderosos de Valor (Christ Exalted Ministries and Mighty Man of Valour International), fundador de Mujeres Valerosas de Virtud (Courageous Woman of Virtue) y es miembro ejecutivo del consejo de la Federación de Ministros Cristianos Canadienses (Canadian Christian Ministers Federation). El es también el pastor de la congregación de Ministerios de Cristo Exaltado (Christ Exalted Ministries congregation.)

El Pastor Ramiah es el autor de diferentes libros y es también un conferencista, un maestro y un predicador inspirador. El es además misionero en Brasil donde ha servido port tres años consecutivos, viajando entre Toronto, Canada y Brasil anualmente. El dirige seminarios que transforman vidas, predica en otras iglesias y viaja cuando se le require en otros lugares.

QUEREMOS ESCUCHAR DE USTED!

Por favor déjenos saber lo que el Señor Jesucristo está haciendo en su vida a travéz de "Tómese Cinco, El Poder de la Oración." Queremos recibir sus testimonios. Nos motiva y nos bendice el escuchar sus historias de como Dios ha trabajado en su vida. Escríbanos a:

Christ Exalted Ministries
22-90 Signet Drive,
Toronto, Ontario,
M9L 1T5

Envíenos un e-mail a: mail@christexaltedministries.com

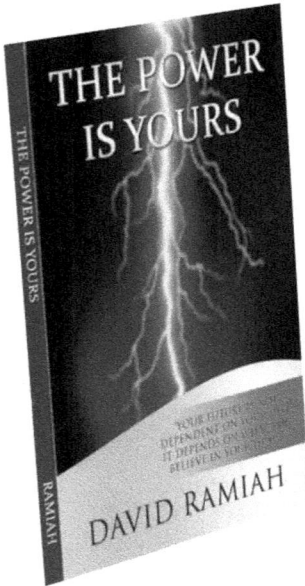

THE POWER IS YOURS

RAMIAH

YOUR FUTURE IS NOT DEPENDENT ON HOW YOU LIVE IT DEPENDS ON WHAT YOU BELIEVE IN YOUR HEART

DAVID RAMIAH

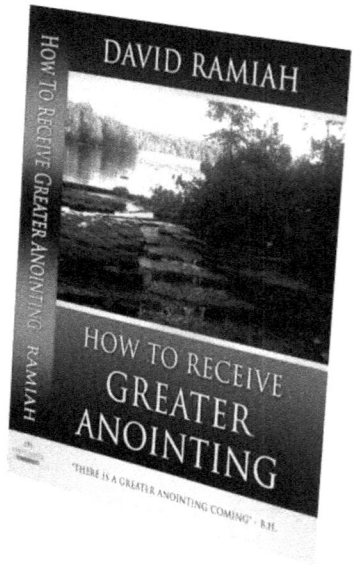

HOW TO RECEIVE GREATER ANOINTING

DAVID RAMIAH

RAMIAH

HOW TO RECEIVE GREATER ANOINTING

"THERE IS A GREATER ANOINTING COMING" : B.H.

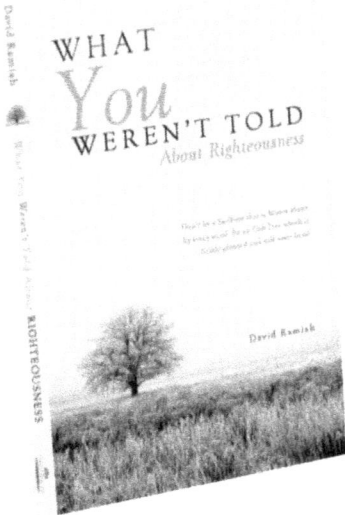

David Ramiah

WHAT You WEREN'T TOLD About Righteousness

David Ramiah

RIGHTEOUSNESS

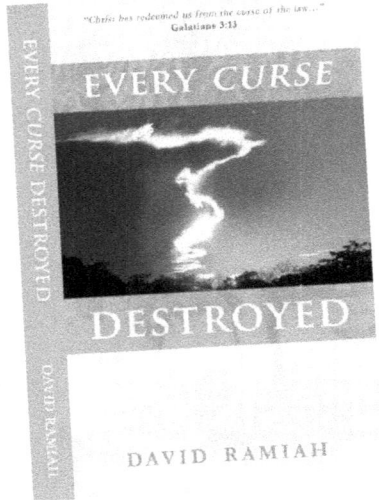

"Christ has redeemed us from the curse of the law . . ." Galatians 3:13

EVERY CURSE

EVERY CURSE DESTROYED

DESTROYED

DAVID RAMIAH